武当沾衣十八跌

余省威　著

北京体育大学出版社

策划编辑：吴海燕　王泓滢
责任编辑：王泓滢
责任校对：张志富
版式设计：高文函

图书在版编目（CIP）数据

武当沾衣十八跌 / 余省威著 . —— 北京：北京体育
大学出版社 , 2024.3
　ISBN 978-7-5644-3877-7

　Ⅰ . ①武… Ⅱ . ①余… Ⅲ . ①内家拳 – 基本知识
Ⅳ . ①G852.1

中国国家版本馆 CIP 数据核字 (2023) 第 163584 号

武当沾衣十八跌
WUDANG ZHANYI SHIBADIE

余省威　著

出版发行：北京体育大学出版社
地　　址：北京市海淀区农大南路 1 号院 2 号楼 2 层办公 B–212
邮　　编：100084
网　　址：http: //cbs.bsu.edu.cn
发 行 部：010–62989320
邮 购 部：北京体育大学出版社读者服务部 010–62989432
印　　刷：河北盛世彩捷印刷有限公司
开　　本：710mm × 1000mm　　1/16
成品尺寸：170mm × 240mm
印　　张：14.25
字　　数：170 千字
版　　次：2024 年 3 月第 1 版
印　　次：2024 年 3 月第 1 次印刷
定　　价：43.00 元

作者简介

　　余省威，中共党员；毕业于郑州大学，硕士研究生；副教授，从事武术教学工作20多年；现任河南体育学院武术技击教研室主任、河南省武术兵道（短兵）训练基地主任、河南省武术协会特邀副会长；武术散打国家级裁判员、自由搏击国际级裁判员、国家级社会体育指导员、河南电视台《武林风》裁判员。

　　武当沾衣十八跌，乃内家秘传绝技。所谓"沾衣"，就是抓扞缠挤，贴身擒拿。所谓"跌"，就是专门致敌倒地。所谓"十八跌"，一指擒敌部位主要有十八处，二指跌法有十八手惯用绝招。歌曰："贴身去擒拿，绊腿加勾挂。武当沾衣跌，妙手有十八。"

　　然而，武当门派众多且诸拳招法不一，技击各有偏重，为便于读者习练，著者精选以下七种跌法，采其绝招，以飨同道。

　　松溪沾衣十八跌。松溪武技，擅长跌法。其跌法巧妙，并不与敌拼劲斗狠，而是以静制动，顺其来势，乘势借力，进身挤靠，将其放倒。习练者一旦练习纯熟，往往一抓缠、一勾腿、一抖肩、一坠肘、一拧腰，即可使敌不躺即趴，真所谓"沾衣即跌，犯者应手立仆"。

　　通臂沾衣十八跌。武当通臂拳最经典的秘技叫作"六靠十八跌"。有歌曰：临敌近身用靠打，雄威裹冲挨伏法。敌若招架随机化，一靠三跌变十八。习练者在使用靠法时，如遇敌抵抗，则随机应变，顺势跌之，常用者为十八招，俗称"沾衣十八跌"。

　　太极沾衣十八跌。沾衣跌是武当太极拳的惯用技击法。跌法所到，抓缠挒挤，提按勾挂，一阵突袭，轻可致敌歪斜晃荡，失力丧势；重可致敌仰躺栽趴，倒地伤瘫。习练者要想出手跌人，一定要练好太极拳，掌握技法，提高功力，"由着熟而渐悟懂劲，由懂劲而阶及神明"（王宗岳《太极拳论》）。

　　龙拳沾衣十八跌。龙拳即取龙之灵而练神也。龙形者，进退圆活，拳脚巧捷。静如潜龙在渊，动如飞龙在天。见空即进似龙取水，扭拧折叠如龙翻身。蹿蹦跳跃如龙行空，腾云驾雾如龙飞腾。龙形变化显神通，吞云吐雾势如虹。疾如暴雨狂风起，圆活巧妙神气融。吞吐兼施拳脚灵，浮沉上下神鬼惊。出波无踪影难见，神光一盏贮黄庭。

　　八卦沾衣十八跌。八卦跌法，上下合劲，左右齐击，联合加力，致敌倒地。上则步动身转，走中抢机，掌法连环，劲法多变；下则善用暗腿，截敌进退，乱其桩步，绊其下盘。所谓"沾衣十八，不躺即趴"，堪称绝技。

　　岳拳沾衣十八跌。岳家拳有一种练法，叫裁手，非常有名，即俗称的散手，有擒拿、点穴、拳脚等招法，注重技击，讲究单操，"久练自化，熟极自神"。岳拳沾衣十八跌即属岳家裁手，是一种注重摔跌的秘传散手，在技击时可以对敌抓拿擒制，致其歪桩倒身。

　　浑元沾衣十八跌。浑元派，为拳宗内家，阴阳相合，劲修浑元。浑元沾衣
十八跌，招法精湛，简单实用，劲足势猛，杀伤力强。习练者一旦练熟，出手
即跌，令敌躺趴，倒地难起。

目　录

第一章　松溪沾衣十八跌

第二章　通臂沾衣十八跌

第三章　太极沾衣十八跌

第四章　龙拳沾衣十八跌

第五章　八卦沾衣十八跌

第六章　岳拳沾衣十八跌

第七章 浑元沾衣十八跌

第一章
松溪沾衣
十八跌

　　内家松溪派，是武当派一个非常古老的支派，由一代宗师张松溪创立。

　　清代曹秉仁纂修的《宁波府志》载：张松溪，鄞人，善搏，师孙十三老，其法自言起于宋之张三峰。三峰为武当丹士，徽宗召之，道梗不前，夜梦元帝授之拳法，厥明以单丁杀贼百余，遂以绝技名于世。由三峰而后，至嘉靖时，其法遂传于四明，而松溪为最著。松溪为人，恂恂如儒者，遇人恭敬，身若不胜衣，人求其术，辄逊谢避去。时少林僧以拳勇名天下，值倭乱，当事召僧击倭。有僧七十辈，闻松溪名，至鄞求见。松溪蔽匿不出，少年怂恿之，试一往。见诸僧方较技酒楼上，忽失笑。僧知其松溪也，遂求试。松溪曰：必欲试者，须召里正约，死无所问。许之。松溪袖手坐，一僧跳跃来蹴，松溪稍侧身，举手送之，其僧如飞丸陨空，堕重楼下，几毙。众僧始骇服。

松溪武技，擅长跌法。其跌法巧妙，并不与敌拼劲斗狠，而是以静制动，顺其来势，乘势借力，进身挤靠，将其放倒。习练者一旦练习纯熟，往往一抓缠、一勾腿、一抖肩、一坠肘、一拧腰，即可使敌不躺即趴，真所谓"沾衣即跌，犯者应手立仆"。

本章即采其跌法精粹，举例试析，共十八手。

劈压跌

【实战举例】

1. 敌方右脚上步，右拳击打我方脸部。我方左闪，右掌拦封敌方右拳，左掌推挡敌方右肘。（图1-1）

2. 随即，我方右脚上步，右腿后绊敌方右腿；同时，左掌下压敌方右臂，右掌猛劲劈压敌方左肩，上下合力，迫其后仰。（图1-2）

❖ 图1-1

❯ 图1-2

3. 动作不停,我方右掌向左劈压敌方脖颈,顺势旋身发力,致其仰面跌出。（图1-3）

⊗ 图1-3

推球跌

【实战举例】

1. 敌方左脚上步,左拳击打我方脸部。我方向右斜闪；同时,左掌拦截敌方左腕,右掌切挡敌方左肘。（图1-4）

2. 随即,我方左脚上步,左腿后绊敌方左腿；同时,右掌下按敌方左臂,左掌前推敌方下颌,致其头向后仰。（图1-5）

3. 动作不停,我方不待敌变,左掌沾颌抖震,顺势加力,致其跌出。（图1-6）

图1-4

图1-5

图1-6

拧裹跌

【实战举例】

1. 敌方右脚上步，右拳击打我方脸部。我方左脚退步，右手拦挡敌方右腕。（图1-7）

2. 随即，我方左脚上步，左腿绊住敌方右腿；同时，右手抓住敌方右腕，顺势向右拉拽；身体右转，以左前臂裹击敌方右肘。（图1-8）

⊛ 图1-7

⊛ 图1-8

3. 动作不停，我方左臂沾住敌方右肘，猛然向右拧腰发力，伤其关节，致其前仆。（图1-9）

△ 图1-9

通臂跌

【实战举例】

1. 敌方右脚上步，右拳击打我方脸部。我方右手上起，反擒敌方右腕。（图1-10）

2. 随即，我方左脚上步，左腿后绊敌方右腿；同时，右手顺势向右牵拽，以左臂顶靠敌方右肘，左掌下落，蓄势待发。（图1-11）

3. 动作不停，我方身向左转，左肩前挤；同时，左臂旋劲上起，拦压敌方头部，致其后仰倒地。（图1-12）

图1-10

图1-11

图1-12

伏虎跌

【实战举例】

1. 敌方右脚上步，右拳击打我方脸部。我方速撤，右掌上起，格敌右臂。（图1-13）

2. 随即，我方右手旋抓敌方右腕，向右下方拧拉；左手按其右肘，向右下方推压；同时，左脚上步，左腿绊住敌方右腿，右转用劲，致其前仆。（图1-14）

 图1-13

图1-14

3. 动作不停，我方运腰转胯，左腿后扫；两手继续拉压，拧旋猛甩，致其翻滚跌出。（图1-15）

❮❮ 图1-15

靠撞跌

【实战举例】

1. 敌方右脚上步，右拳击打我方脸部。我方速撤，丁步沉身，避过敌方右拳，右掌拦截。（图1-16）

2. 随即，我方右手旋抓敌方右腕，向右下方拉拽；左脚上步，左腿后绊敌方右腿；左掌顺势上挥，掸击敌方脸部。敌方左臂架挡，阻截我方左掌。（图1-17）

3. 动作不停，我方左手拿住敌方左腕；同时，右肘向左挫靠敌方左臂，伤其左臂肘关节。（图1-18）

❯❯ 图1-16

❯❯ 图1-17

❯❯ 图1-18

4. 最后，我方右肘猛劲前撞，致其后歪倒地。（图 1-19）

⊼ 图1-19

抖膀跌

【实战举例】

1. 敌方右脚上步，右拳击打我方脸部。我方退步撤身，右掌上抬，格敌右腕，阻截敌方右拳。（图1-20）

2. 随即，我方右手反压，扣抓敌方右腕，向右拉搋；同时，左脚上步，左腿前拦敌方右腿，右脚旋拧，向右转身，左膀横撞敌方右肘。（图1-21）

3. 动作不停，我方继续右旋，左膀抖击发力，致敌前仆。（图1-22）

❯ 图1-20

❯❯ 图1-21

❯❯ 图1-22

盘臂跌

【实战举例】

1. 敌方左脚上步，左拳击打我方脸部。我方迅疾撤步，沉劲稳身；同时，左掌上提，挡敌左臂。（图1-23）

2. 随即，我方左手旋抓敌方左腕，向下旋扭；同时，右脚上步，右腿后绊敌方左腿；右掌从其左臂内侧向上穿绕，盘压敌方左肩。（图1-24）

⊗ 图1-23

⊗ 图1-24

3. 动作不停，我方右掌猛然发力，向右下方推压敌方，致其躺倒。（图1-25）

❯ 图1-25

顶靠跌

【实战举例】

1. 敌方右脚上步，右拳击打我方脸部。我方后撤，沉身坐胯，右掌上拦敌方右臂。（图1-26）

2. 随即，我方左脚上步，后绊敌方左脚；同时，右手抓住敌方右腕，向下牵拉；左臂屈肘，前顶敌方右肋，致其疼痛难忍，迫其身歪欲倒。（图1-27）

3. 动作不停，我方右腿后挺，弓步发力；左肩猛劲前靠，将敌方摔跌而出。（图1-28）

九

⊗ 图1-26

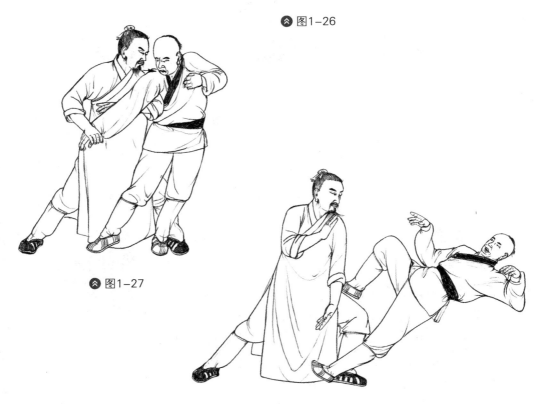

⊗ 图1-27

⊗ 图1-28

单鞭跌

【实战举例】

1. 敌方右脚上步，右拳击打我方脸部。我方后撤，沉身后坐，避过敌方右拳，右掌上格敌方右腕。（图1-29）

2. 随即，我方右手旋抓敌方右腕；同时，左脚迅疾前跨，左腿后绊敌方右腿；左拳前伸，左肘拦压敌方胸部。（图1-30）

⊗ 图1-29

⊗ 图1-30

3. 动作不停，我方两臂分展，左臂发力，下压敌方胸部，致其躺地。（图1-31）

⊗ 图1-31

抱旋跌

【实战举例】

1. 敌方右脚上步，右拳摆扫我方头部。我方疾收左脚，丁步蹲身，身体右转，避过敌方右拳。（图1-32）

2. 随即，我方左脚前移，左腿后绊敌方右腿；同时，右手前伸，捞抱敌方右腿；左肘上伸，拦格敌方脸部。（图1-33）

3. 动作不停，我方右手兜提敌方右腿，左臂拦压敌方咽喉，迫其后仰。（图1-34）

◈ 图1-32

◈ 图1-33

◈ 图1-34

4. 最后，我方右手兜转其右腿，左掌拨其头部，左旋发力，致其前仆。（图1-35）

⊗ 图1-35

十二

双推跌

【实战举例】

1. 敌方右脚上步，右拳击打我方腹部。我方沉身下坐，右手下抓敌方右手，左手托抓敌方右肘。（图1-36）

2. 随即，敌方见我擒拿，用力回拉右臂。我方顺劲松手，两掌一齐向前猛推其胸部，致其后仰。（图1-37）

3. 动作不停，我方两脚向前滑步，两掌按推敌方腹部，抖劲震击，将其跌出。（图1-38）

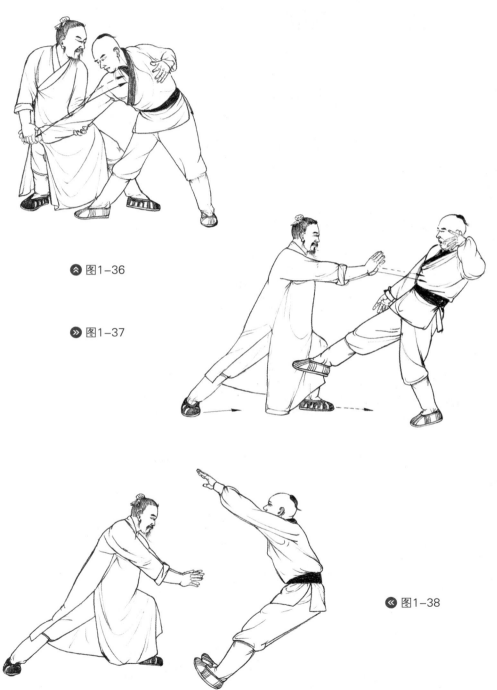

❰❰ 图1-36

❱❱ 图1-37

❰❰ 图1-38

牵推跌

【实战举例】

1. 敌方左脚上步，右拳击打我方脸部。我方撤步，向后坐身，避过敌方右拳，右掌上格。（图1-39）

2. 随即，我方右手旋抓敌方右腕，向右旋拧；同时，左脚上步，左腿后绊敌方左腿；左掌拦格敌方右臂。（图1-40）

⊗ 图1-39

⊗ 图1-40

3. 动作不停，我方右手向右后方拉拽敌方右腕，左掌贴住敌方右臂向右旋推，致其前趴，将其擒制。（图1-41）

△ 图1-41

劈挂跌

【实战举例】

1. 敌方右脚上步，右拳击打我方脸部。我方撤身，右脚脚尖翘起，右掌弹格敌方右臂。（图1-42）

2. 随即，我方上身右转，右脚外摆落实，下盘扭步；同时，右手旋抓敌方右腕，向后拉拽；左掌砍击敌方右肘，伤其关节，将其擒制。（图1-43）

3. 动作不停，我方左脚上步，左腿后绊敌方右腿；同时，左掌前穿，拦压敌方脸部，用劲外抖，致其歪倒。（图1-44）

十四

图1-42

图1-43

图1-44

送腿跌

【实战举例】

1. 敌方移步进身，右腿踹击我方腹部。我方撤步沉身，向右转体，左臂屈肘兜抄敌方右小腿。（图1-45）

2. 随即，我方右脚垫步，左脚跨步，左腿前绊敌方左腿；同时，左臂兜起敌方右腿，右手抓按敌方右脚脚踝，致其左倾。（图1-46）

十五

图1-45

图1-46

3. 动作不停，我方两手前掀，顺势推送，猛然发力；同时，左腿向后勾摆，上下合劲，致其前仆。（图1-47）

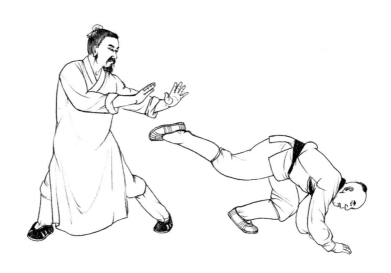

⌃ 图1-47

十六

掀腿跌

【实战举例】

1. 敌方右脚上步，右拳击打我方脸部。我方撤身右转，左腿跪步，避过敌方右拳。（图1-48）

2. 随即，我方左手前捞敌方右脚跟，向上抄抱。（图1-49）

3. 动作不停，我方左脚落地踏实，迅疾起身左转，左手搂提敌方右脚，向左用力掀起，致其跌出。（图1-50）

◈ 图1-48

◈ 图1-49

◈ 图1-50

十七

跪膝跌

【实战举例】

1. 敌方左脚上步，左拳击打我方脸部。我方撤步，右掌拦拍敌方左臂。（图1-51）

2. 随即，我方右脚上步至敌方左脚后方，右膝跪压敌方左腿腘窝；同时，右掌向前按压敌方左臂，右肘挤压敌方左肋，使其跪地俯身。（图1-52）

⊗ 图1-51

⊗ 图1-52

3. 动作不停，我方两掌猛然推震，致其前趴于地。
（图1-53）

⊗ 图1-53

勾挂跌

【实战举例】

1. 敌方左脚上步，左拳击打我方脸部。我方撤步，沉身坐胯；同时，左掌向上画弧，拦格敌方左臂。（图1-54）

2. 随即，我方右掌猛然按扒敌方左臂；右脚乘机向前勾踢，将其左腿踢起，使其向后歪身。（图1-55）

3. 动作不停，我方不待敌变，右脚顺势向上加力挂踢，致其失衡倒地。（图1-56）

❯ 图1-54

❯ 图1-55

❮ 图1-56

第二章
通臂沾衣
十八跌

通臂拳自古就是武当内家名拳，以通臂命名的拳术类型非常丰富，如白猿通臂拳、猿仙通臂拳、洪洞通臂拳、太极通臂拳、五行通臂拳、五猴通臂拳、梅花通臂拳、心机通臂拳、合一通臂拳、混元通臂拳、通臂长拳、猿猱伏地拳等，不胜枚举。

武当通臂，象形取意，腰背发力，通肩达臂，两手通灵；眼疾步快，放长击远，抽撤连环；封闭截拦，浮沉躲闪，后发先至，令敌眼花缭乱。有歌赞曰：通臂神拳谁敢当，无影无形无柔刚。两手捧定千斤法，专打邪魔鬼神忙。

单从跌法上看，武当通臂拳最经典的秘技叫作"六靠十八跌"。编者根据手抄古谱，重新整理出来，献于同道共研。

《通臂拳靠法序》载：夫靠者，是以身相挨，用跌之意也。盖谓六靠之法，诚为诸跌之始，内有推墙倒壁之勇，降龙缚虎之智。师云：拳之六母者，为诸技艺之根本也，如拳之六靠者，为诸般跌之纲领也。所谓六靠，即雄靠、威靠、裹靠、冲靠、挨靠、伏靠。

有歌曰：临敌近身用靠打，雄威裹冲挨伏法。敌若招架随机化，一靠三跌变十八。习练者在使用靠法时，如遇敌方抵抗，则随机应变，顺势跌之，常用者为十八招，俗称"沾衣十八跌"。

膀靠投阱

【实战举例】

1. 敌方左脚上步，左拳击打我方脸部。我方右脚撤步，右掌上挑，拦敌左腕。（图2-1）

2. 随即，我方右手旋抓敌方左腕；同时，右脚上步至敌方左脚后方，左肘挑击敌方下颌。（图2-2）

 图2-1

图2-2

3. 接着，我方左脚上步，左腿后绊敌方左腿；同时，身向右俯，左掌向下伸开，左膀向前顶靠敌方左臂。（图2-3）

4. 动作不停，我方向右下方转身，右手向后拉敌方左腕，左膀向右猛劲沉压，致其躺跌于地。（图2-4）

❖ 图2-3

❖ 图2-4

按手拐肘

【实战举例】

1. 敌方右脚上步，左拳击打我方脸部。我方后撤，两掌合拦敌方左臂。（图2-5）

2. 随即，我方两手顺势前按，将敌方左臂压于胸前，致其身向后仰；同时，右脚上步，右腿后绊敌方右腿。（图2-6）

⊗ 图2-5

⊗ 图2-6

3. 动作不停，我方向左转身，两脚摆扣，右腿后挺，弓步发力；同时，右肘向前旋劲拐砸，对准敌方耳门，致其受伤并跌出。（图2-7）

☆ 图2-7

三

坐靠开山

【实战举例】

1. 敌方右脚上步，左拳击打我方脸部。我方迅疾后撤，右掌拍格敌方左腕。（图2-8）

2. 随即，我方右手下抓敌方左腕，左脚插步，左腿后绊敌方右腿；迅疾左转，左掌前伸，拦敌左颈。（图2-9）

3. 动作不停，我方沉身坐胯，右掌推压敌方腹部，左掌向左劈压敌方颈部，合力致其向后跌出。（图2-10）

图2-8

图2-9

图2-10

霸王上弓

【实战举例】

1. 敌方右脚上步，右拳击打我方脸部。我方迅疾撤步，右掌拍格敌方右腕。（图2-11）

2. 随即，我方右脚垫步，左脚前跨，上步至敌方裆下；同时，左手顺势前伸，将其拦腰搂住；右掌向前推击敌方下颌，致其后仰。（图2-12）

⊗ 图2-11

⊗ 图2-12

3. 动作不停，我方右掌沾身发力，猛然推送，伤其下颌，致其躺地难起。（图2-13）

⊗ 图2-13

钟馗追魂

【实战举例】

1. 敌方右脚上步，右手来抓我方衣领。我方沉身稳步，竖右臂裹格敌方右臂。（图2-14）

2. 随即，我方右手下抓敌方右手；同时，右脚稍上步，左掌抓推敌方下颌。（图2-15）

3. 接着，我方左脚上步，左腿后绊敌方右腿；同时，右手向下抓拿敌方裆部，致其剧疼失力；左手继续推压，致其头向后仰。（图2-16）

五

❮ 图2-14

❯ 图2-15

❰ 图2-16

4. 动作不停，我方弓步发力，两掌前抖，猛劲推送，致其受伤并跌出。（图2-17）

《 图2-17

井栏倒挂

【实战举例】

1. 我方左脚上步，右拳击打敌方脸部。敌方左手架托，右拳击打我方腹部，欲反制我方。（图2-18）

2. 随即，我方右脚垫步，左脚上步，左腿后绊敌方左腿；同时，右手下抓敌方左肘，左肘搂夹敌方脖颈，迫其右手松开。（图2-19）

3. 动作不停，我方身向右旋，左腿后别，弓步发力；同时，右手拉拽，左臂兜压，猛然发力，上下合劲，致其摔躺于地。（图2-20）

图2-18

图2-19

图2-20

收衫上马

【实战举例】

1. 敌方左脚上步，左掌插击我方咽喉。我方迅疾撤步，上挑左掌，格敌左臂，化解敌方攻击。（图2-21）

2. 随即，我方左手旋腕下压敌方左臂，右掌向右横甩敌方脸部；同时，右脚勾踢敌方左腿，致其仰身欲倒。（图2-22）

⊗ 图2-21

⊗ 图2-22

3. 动作不停，我方右腿上勾，不让敌逃，继续加力；同时，右掌反扒敌方脸部，向右猛劲拦压，致其翻滚跌出。（图2-23）

⚠ 图2-23

洞宾背剑

【实战举例】

1. 敌方左脚上步，左拳击打我方脸部。我方沉身坐马，两手上起，一齐拦格敌方左臂。（图2-24）

2. 随即，我方右脚向后插步，上身右转；同时，两手抓敌左臂，左肩扛住敌方左肘。（图2-25）

3. 动作不停，我方左脚撤步，向右拧腰；同时，两手紧抓，猛劲拉拽，将其旋翻摔出。（图2-26）

❮ 图2-24

❮ 图2-25

❮ 图2-26

九

双推亮槁

【实战举例】

1. 敌方右脚上步，左拳击打我方脸部。我方丁步收脚，侧身避过，蓄势待发。（图2-27）

2. 随即，我方左脚落实，迅速向左转身，右脚上步，右腿弓于敌方裆下；同时，两掌一齐前推，猛劲震击，伤敌胸口，致其远跌。（图2-28）

◆ 图2-27

❯ 图2-28

壮士推车

【实战举例】

1. 敌方左脚上步，两拳贯击我方头部。我方撤身坐步，两掌上挑，向外拦格敌方两臂。（图2-29）

2. 动作不停，我方左脚前移，沉身跪步；同时，两掌乘势推按敌方腹部，抖劲震击，致其后跌而出。（图2-30）

◈ 图2-29

◈ 图2-30

倒拽牛回

【实战举例】

1. 双方贴近，我方右脚上步，右腿后绊敌方右腿，右肩向前冲靠，欲把敌方撞倒。敌方两手上拦，阻截我方顶劲。（图2-31）

2. 随即，我方两掌由下向上、向右用力挥劈（亦可由下向上、向外分拨），击落敌方两手；敌方两脚急忙向后滑步。我方左脚紧跟上步，向右转体，蓄势待发。（图2-32）

❮ 图2-31

❯ 图2-32

3. 动作不停，我方右脚前跨，向后插别敌方右腿；同时，右掌前伸，搂敌方右臂，左掌向左扒旋敌方左肩，合力致其翻身后仰。（图2-33）

4. 最后，我方继续向左发力，左转成弓步，右掌扫击敌方咽喉，致其翻躺跌出。（图2-34）

❖ 图2-33

❖ 图2-34

黄龙转身

【实战举例】

1. 我方左腿前弓，左肩冲靠，撞击敌方。敌方侧身闪避，绕至我方左后方。（图2-35）

2. 敌方从后方用两手将我方紧抱，欲使我方摔跌。（图2-36）

⊗ 图2-35

⊗ 图2-36

3. 我方两手急忙抓拿敌方两腕，用力向外拉掰，使其松劲；同时，左脚向右插步，挣开敌方搂抱。（图2-37）

4. 动作不停，我方向左拧腰，左肘猛劲后扫，伤其耳门，致其后倒。（图2-38）

❯ 图2-37

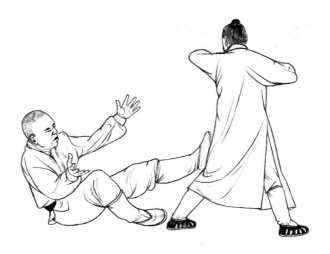

❯ 图2-38

猛虎翻身

【实战举例】

1. 我方左脚上步，右拳击打敌方脸部。敌方退步缩身，避过我方攻击。（图2-39）

2. 随即，我方右脚迅疾上步，左脚后摆跪步，俯身，两手按压敌方右脚，右肩侧靠，准备摔跌敌方。敌方下伸左手抓扣我方左肩，使我方无法发力。（图2-40）

⊗ 图2-39

⊗ 图2-40

3. 接着，我方左手上抓敌方左手；同时，迅疾起身，右掌斜劈敌方右耳，致其剧疼失力。（图2-41）

4. 动作不停，我方向右转身，右掌猛然向右拦压敌方脖颈，致其翻身倒地。（图2-42）

❮❮ 图2-41

❮❮ 图2-42

擒桩倒树

【实战举例】

1. 我方左脚上步，右拳击打敌方脸部。敌方退步缩身，避过我方攻击。（图2-43）

2. 随即，我方右脚迅疾上步至敌方裆下，左脚后摆跪步，向左转身，俯身，两手按压敌方右脚，右肩顶靠敌方右腿，欲致其歪倒。敌方下伸左手抓按我方左肩，使我方无法发力。（图2-44）

❖ 图2-43

❖ 图2-44

3. 接着，我方左臂屈肘，左手抓按敌方左手，不让其用力；同时，右肘向后捣击敌方小腹，致其疼痛失力。（图2-45）

4. 动作不停，我方起身右转，弓步发力，左手牵甩，右腿拦绊；右臂向后画弧挥击，横扫敌方咽喉，致其后仰倒地。（图2-46）

❭❭ 图2-45

❭❭ 图2-46

十五

鹞子穿林

【实战举例】

1. 我方移步进身，右拳击打敌方脸部。敌方退步缩身，避过我方攻击。（图2-47）

2. 随即，我方右脚迅疾上步至敌方裆下，左脚后摆跪步，向左转身，俯身，右手按压敌方右脚，右肩向前顶靠敌方右腿，准备摔跌敌方。敌方两手掐按我方头部，使我方无法发力。（图2-48）

❯❯ 图2-47

❯❯ 图2-48

3. 我方急忙起身，右手向右上方抡起，拦开敌方两臂；同时，左手上伸掐其咽喉，用力向左推旋，致其疼痛失力，后仰倒地。（图2-49）

▲ 图2-49

饿虎扑食

【实战举例】

1. 我方左脚上步，左掌前劈敌方脸部。敌方仰身避过。（图2-50）

2. 随即，我方右脚垫步，左腿从敌方裆下盘跪，后挂敌方右脚；同时，两手向下捞抱敌方左脚，身向左撞，致其歪倒。敌方为防倾跌，左手搂我左肩，右手按我头顶。（图2-51）

3. 我方右手倒抓敌方右肘，左手兜抄敌方裆下，用力抬掀，身体前引，致其前仆。（图2-52）

❖ 图2-50

❖ 图2-51

❖ 图2-52

抽梁换柱

【实战举例】

1. 我方左脚上步，左掌前劈敌方脸部。敌方仰身避过。（图2-53）

2. 随即，我方右脚上步，两手欲锁敌方左脚。敌方急收左腿，避过我方锁制。我方则两手顺势按地；右脚垫步，左脚迅疾上步，左腿跪盘敌方右脚，不可使其再退。（图2-54）

❯ 图2-53

❯ 图2-54

3. 动作不停，我方左臂环搂敌方右腿，右手抓捋敌方右脚，上兜下按，合力伤其脚腕，致其后倒。（图2-55）

⊗ 图2-55

十八

仙人过桥

【实战举例】

1. 我方左脚上步，左掌前劈敌方脸部。敌方仰身避过。（图2-56）

2. 随即，我方两手向下捞抱敌方左脚；右脚垫步，左脚前伸，穿过敌方裆下，后锁敌方右脚。敌方两手按抱我方头顶。（图2-57）

3. 接着，我方右手向上抓拿敌方左腕，不让其发力；同时，左臂抄抱敌方左腿，向上兜起。（图2-58）

❀ 图2-56

❀ 图2-57

❀ 图2-58

4. 最后，我方向右拧腰，猛然发力，右手向右下方牵拉，左臂向右上方掀起，将其向右掷出，致其翻身滚地。（图2-59）

⊗ 图2-59

第三章
太极沾衣
十八跌

　　武当太极拳，相传为武当道士张三丰所创，是非常古老的武当内家拳，练法很多，各树其帜。大致而言，武当太极拳独具内家特色，其旋转缠绕，招式曲折；动作形态细腻，以柔克刚；掤捋挤按，采挒肘靠；可打可擒，可跌可掷。

　　金倜生《太极拳图说·太极拳之源流》载：太极拳为武当内派拳法之一种。据此中人之传说，咸谓创自宋丹士张三丰。惟考张三丰其人，则各家之说不同。予谓太极拳为武当派传法，张三丰为武当山开创之人，其间虽容有附会，正不妨随俗，斤斤于考证，亦甚无谓也。予以为创此拳者，不论其是否为张三丰，而其人之智慧，要不可及。

沾衣跌是武当太极拳的惯用技击法，专门致敌倒地。太极拳演练起来，看似动作柔和，一旦临敌，则内劲灵动，一触即发。跌法所到，抓缠捋挤，提按勾挂，一阵突袭，轻可致敌歪斜晃荡，失力丧势；重可致敌仰躺栽趴，倒地伤瘫。

本章太极沾衣十八跌，出自"武当太极拳九十四势"，此拳理法独特，技法丰富，详细练法请参阅金倜生《太极拳图说》或其他资料。本章仅就其跌法，举出战例十八手。

习练者要想出手跌人，一定要练好太极拳，掌握技法，提高功力，"由着熟而渐悟懂劲，由懂劲而阶及神明"（王宗岳《太极拳论》）。

揽雀尾

【实战举例】

1. 敌方右脚上步，右拳击打我方脸部。我方上抬两掌，两腕交叉（两掌掌心向内）掤托敌方右臂。（图3-1）

2. 随即，我方右手转腕，抓挒敌方右手；左掌下按敌方右臂；同时，左脚稍上步，左腿拦绊敌方右腿。（图3-2）

❀ 图3-1

❀ 图3-2

3. 动作不停，我方猛然旋拽，向右发力，致其前仆。（图3-3）

⊗ 图3-3

单鞭

【实战举例】

1. 敌方右脚上步，右拳击打我方脸部。我方沉身坐胯，两掌上起，拦截敌方右臂。（图3-4）

2. 随即，我方右掌旋拿敌方右腕；左掌抵其手臂，向右后方牵拉，致其身倾步乱；左脚则顺势绊住敌方右脚跟。（图3-5）

3. 动作不停，我方左掌穿过敌方右臂，发力前推，致其后倒。（图3-6）

图3-4

图3-5

图3-6

三

提手上势

【实战举例】

1. 敌方左脚上步，左拳击打我方脸部。我方沉身坐
胯，左掌上挑，格敌左臂，化解来劲。（图3-7）

2. 随即，我方左掌抓压敌方左腕，右脚上步，右腿挤
靠敌方左腿；同时，右掌上穿，右臂兜提敌方左肘。（图
3-8）

❰ 图3-7

❰ 图3-8

3.动作不停，我方右掌顺势前推，对准敌方头部，猛然发力，致其歪倒。（图3-9）

图3-9

搂膝拗步

【实战举例】

1.敌方移步进身，右脚蹬击我方腹部。我方沉身坐胯；同时，左手反挂敌方右脚。（图3-10）

2.随即，我方左手转腕，左臂兜抱敌方右腿；同时，左脚上步，右掌推向敌方脸部。敌方仰头避过。（图3-11）

3.动作不停，我方右脚迅速上步；同时，左臂抵住敌方右腿向上掀起，猛劲推送，致其跌出。（图3-12）

四

◆ 图3-10

◆ 图3-11

◆ 图3-12

搬拦捶

【实战举例】

1. 敌方右脚上步，右拳击打我方脸部。我方沉身坐胯；同时，左掌上拦敌方右臂，向右推化解。（图3-13）

2. 随即，我方左脚向前滑步；右拳前击，砸打敌方右臂，致其剧疼失力。（图3-14）

❯ 图3-13

❯ 图3-14

　　3. 动作不停，我方右脚勾踢，向上提带，伤其右腿，致其前仆。（图3-15）

❯ 图3-15

六

抱虎归山

【实战举例】

　　1. 敌方左脚上步，左拳崩打我方脸部。我方撤步沉身，左掌上拦，格敌左臂。（图3-16）

　　2. 随即，我方左臂旋压敌方左臂；右脚前跨，右腿拦绊敌方左腿；同时，右掌顺敌方左臂向前穿绕，右臂用力反拦其颈部，迫其后仰。（图3-17）

　　3. 动作不停，我方上身右旋，右臂反画，沾身发力，致敌方跌出。（图3-18）

☆ 图3-16

☆ 图3-17

☆ 图3-18

十字手

【实战举例】

1. 敌方右脚上步，右拳击打我方脸部。我方撤步，上抬两掌，两腕交叉（两掌掌心向外），向上托架敌方右腕。（图3-19）

2. 随即，我方右手旋扣敌方右腕；同时，上身右转，左肘砸压敌方右肘，使其身倾步乱，被我方擒制。（图3-20）

❖ 图3-19

❖ 图3-20

3. 动作不停，我方左肘沾压敌方右臂向右带送，右手紧拽其腕向后抖甩，弓步旋劲，致其前仆。（图3-21）

▲ 图3-21

倒撵猴

【实战举例】

1. 敌方右脚上步，左拳击打我方脸部。我方撤身，左掌上拦，封敌左臂。（图3-22）

2. 随即，我方左手旋抓敌方左腕；同时，右脚上步至敌方裆下；右掌下伸，蓄势待发。（图3-23）

3. 动作不停，我方左手向左拉拽敌方左腕，两脚向前滑步，身向左转；同时，右手穿抄敌方左腿，向左兜掀而起，致其翻跌滚地。（图3-24）

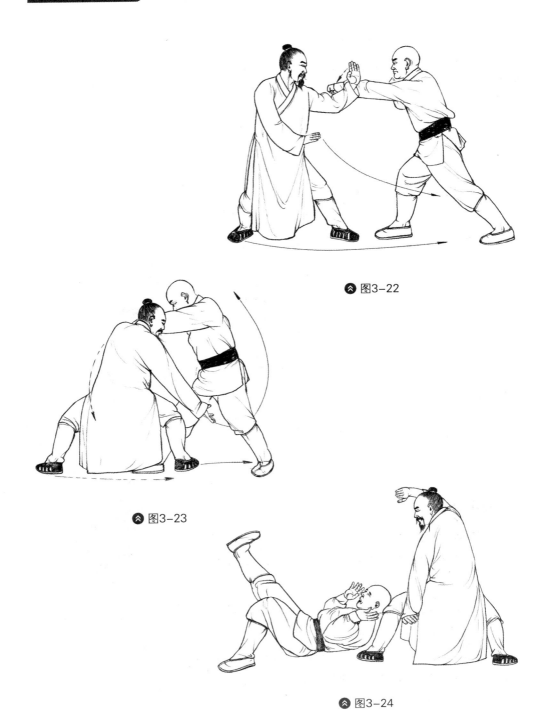

❯❯ 图3-22

❯❯ 图3-23

❯❯ 图3-24

斜飞势

【实战举例】

1. 敌方左脚上步，左拳崩打我方脸部。我方撤步沉身，左掌上拦敌方左臂。（图3-25）

2. 随即，我方左掌捋压敌方右腕，右脚上步，右腿后绊敌方左腿，屈膝前抵；同时，右手穿过敌方左腋，右肘拦挤敌方胸部。（图3-26）

图3-25

图3-26

3. 动作不停，我方右肘沾贴敌方胸部，猛劲向右拦压，坐马拧腰，致其跌出。（图3-27）

⊗ 图3-27

扇通背

【实战举例】

1. 敌方右脚上步，右拳击打我方脸部。我方撤步沉身，右掌上拦，截敌右臂。（图3-28）

2. 随即，我方右掌下转，托抓敌方右腕；同时，左掌推震敌方右肋，致其疼痛失力。（图3-29）

3. 动作不停，我方右脚上步，右腿外别敌方右腿；同时，左掌上掤敌方右臂，右掌推击敌方胸部，致其受伤后歪。（图3-30）

◈ 图3-28

⧩ 图3-29

⩔ 图3-30

撇身捶

【实战举例】

1. 敌方右脚上步，右拳击打我方脸部。我方左脚撤步，右手拦抓敌方右腕。（图3-31）

2. 随即，我方左脚上步，左腿后绊敌方右腿；同时，右手后捋，左掌劈砍敌方右肘，伤其关节。（图3-32）

⊗ 图3-31

⊗ 图3-32

3. 动作不停，我方趁敌前倾，左拳反握向前上方抢，左肘拦压敌方咽喉，致其后倒。（图3-33）

△ 图3-33

云手

【实战举例】

1. 敌方左脚上步，左拳崩打我方脸部。我方沉身后坐，右掌上拦敌方左臂。（图3-34）

2. 随即，我方右掌下压敌方左臂，向后捋带；同时，左脚上步至敌方裆下，身体右转前倾，左掌前推敌方胸部。（图3-35）

3. 动作不停，我方右脚上步，右腿后绊敌方左腿，向左转身，右掌前推敌方胸部，两掌合力抖震，致其后倒。（图3-36）

○ **81** ○

❯❯ 图3-34

❮❮ 图3-35

❯❯ 图3-36

高探马

【实战举例】

1. 敌方右脚上步，右拳击打我方脸部。我方迅疾坐身，左掌上挑敌方右臂，向外拦化。（图3-37）

2. 随即，我方右脚上步至敌方裆下，弓步发力，右掌前推敌方脸部。（图3-38）

◈ 图3-37

◈ 图3-38

3. 动作不停，我方右掌绕扒敌方后脑，猛劲向右按压，致其前仆。（图3–39）

⊗ 图3–39

打虎势

【实战举例】

1. 敌方右脚上步，左拳击打我方脸部。我方撤步闪身，避过来拳，左掌上起，拦截敌方左肘。（图3–40）

2. 随即，我方左脚垫步，右脚上步至敌方裆下；同时，左手抓捋敌方左臂，右掌前伸搂按敌方后脑。（图3–41）

3. 动作不停，我方左脚撤步，左转发力，左手捋拽，右掌按压，猛然推送，致其前仆。（图3–42）

图3-40

图3-41

图3-42

野马分鬃

【实战举例】

1. 敌方左脚上步，左拳击打我方脸部。我方撤身坐步，左掌上起，拦截敌方左臂。（图3-43）

2. 随即，我方右脚上步，右腿后绊敌方左腿；同时，左手抓扣敌方左腕，向下捋化；右手穿过敌方左臂，至其右肩。（图3-44）

❖ 图3-43

❖ 图3-44

3. 动作不停，我方右臂猛然向右前方掤，致其后倒。
（图3-45）

⤊ 图3-45

玉女穿梭

十六

【实战举例】

1. 敌方右脚上步，右拳击打我方脸部。我方撤身坐步，左掌拦截敌方右臂，向外化劲。（图3-46）

2. 随即，我方右脚上步，绊住敌方右脚；同时，左手向下抓扣敌方右腕；右掌削击敌方颈部，致其剧疼失力。（图3-47）

3. 动作不停，我方左手向左后方旋拉敌方右腕；同时，右掌拦贴敌方颈部，猛劲向左旋压，致其倒地翻滚。（图3-48）

❯ 图3-46

❯ 图3-47

❯ 图3-48

退步跨虎

【实战举例】

1. 敌方上步，左腿踢击我方左肋。我方后闪，丁步蹲身；同时，左手下搂，勾拦敌方左脚。（图3-49）

2. 随即，我方左脚上步，左手翻腕抄起敌方左腿；同时，右掌砸压敌方左膝，伤其关节，致其重心不稳。（图3-50）

❖ 图3-49

❖ 图3-50

3. 动作不停，我方右脚猛劲向前勾挂，对准敌方右腿，将其踢倒在地。（图3-51）

⤊ 图3-51

转身摆莲

【实战举例】

1. 敌方左脚垫步，右脚高踹，踢向我方脸部。我方后闪，虚步蹲身，避过敌方右腿。（图3-52）

2. 不等敌变，我方迅速起身，右转半周，右腿后摆，踢敌头部，致其昏晕。（图3-53）

3. 乘胜追击，我方右脚落步，左掌推敌后背，猛劲震击，致其前仆。（图3-54）

❯❯ 图3-52

❯❯ 图3-53　　　　　　❯❯ 图3-54

第四章
龙拳沾衣
十八跌

　　龙被视为中华民族的重要象征，武当派有很多与龙相关的秘传绝技，如武当龙拳、太和龙形拳、内家金龙拳、武当龙华拳、太乙游龙拳、龙形十八腿、太乙游龙腿、飞龙拳法、龙形擒拿手、龙形点穴手、内家龙爪手、全真龙门拳、形意龙形拳、潜龙养气功、潜龙内丹功、太乙游龙功、太和龙形剑等，丰富多彩，争奇斗异。

　　龙拳抄本有载：龙拳即取龙之灵而练神也。龙形者，进退圆活，拳脚巧捷。静如潜龙在渊，动如飞龙在天。见空即进似龙取水，扭拧折叠如龙翻身。蹿蹦跳跃如龙行空，腾云驾雾如龙飞腾。龙形变化显神通，吞云吐雾势如虹。疾如暴雨狂风起，圆活巧妙神气融。吞吐兼施拳脚灵，浮沉上下神鬼惊。出波无踪影难见，神光一盏贮黄庭。

本章龙拳沾衣十八跌，采自龙拳诸派，取精用宏，举例解析。

飞龙行云

【实战举例】

1. 敌方左脚上步，右拳击打我方脸部。我方撤步沉身，避过敌方右拳。（图4-1）

2. 随即，我方右脚上步，右腿后绊敌方左腿；同时，左肘旋劲拐击，伤其肋部。（图4-2）

❮ 图4-1

❮ 图4-2

3. 动作不停，我方右脚勾踢敌方左脚；同时，右掌劈扫敌方头部，将其击倒在地。（图4-3）

△ 图4-3

青龙绊马

【实战举例】

1. 敌方右脚上步，右掌突然向我方裆部击来。我方迅速闪身，使其扑空；右脚顺势勾起，拦绊敌方右脚。（图4-4）

2. 乘胜追击，我方右脚落实，左脚插步；同时，向右旋身，右掌猛劈敌方后脑，致其受创并前仆。（图4-5）

图4-4

图4-5

黄龙转身

【实战举例】

1. 敌方右脚上步，右拳击打我方胸部。我方右脚撤步，向右旋身，避过敌方右拳。（图4-6）

2. 随即，我方两手抓抱敌方右臂，向右捋带；左脚右移助力，使敌前倾；右脚乘机向后插步，扣绊敌方右脚。（图4-7）

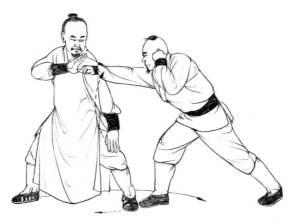

⊗ 图4-6

⊗ 图4-7

3. 动作不停，我方迅速右转，两脚摆扣，右肘猛劲旋拐敌方颈部或后脑，致其受创并前仆。（图4-8）

❯ 图4-8

捋手勾挂

【实战举例】

1. 敌方左脚上步，右拳击打我方脸部。我方跨步闪身，避过敌方右拳。（图4-9）

2. 随即，我方立身右转，右手抓擒敌方右拳，左手抓按敌方右臂。（图4-10）

3. 动作不停，我方两手向右下方牵拉；同时，右脚向前勾挂敌方左脚，上下合劲，一拉一挂，致其前趴。（图4-11）

四

图4-9

图4-10

图4-11

乌龙卷尾

【实战举例】

1. 敌方左脚上步，左拳击打我方脸部。我方闪身后坐，左掌上拦，格敌左臂；右掌前伸，阻挡敌方前进，也可顺势击其裆部。（图4-12）

2. 随即，我方右掌上翻，拦劈敌方咽喉或脸部，致其受创；同时，右腿向上勾挂敌方左腿，致其后仰。（图4-13）

❖ 图4-12

❖ 图4-13

3. 动作不停，我方右脚落步；同时，右掌拦贴敌方咽喉，向右后方猛劲劈甩，致其仰身跌出。（图4-14）

△ 图4-14

龙王敬酒

【实战举例】

1. 敌方右脚上步，右拳击打我方脸部。我方后撤，左掌上挑，左臂格挡敌方右腕。（图4-15）

2. 随即，我方左手旋抓敌方右腕；同时，两脚向前滑步，左脚撑起，身向右倾；右掌上托敌方下颌，致其仰头。（图4-16）

3. 动作不停，我方左脚向右后方插步，上体左转发力，左手旋拽敌方右腕；同时，右掌拦贴敌方下颌，向左扒推，致其后倒。（图4-17）

图4-15

图4-16

图4-17

七

叶下偷桃

【实战举例】

1. 敌方右脚上步，右拳击打我方脸部。我方跨步闪身，避过来拳。（图4-18）

2. 随即，我方右脚上步，绕至敌方右后方。（图4-19）

❀ 图4-18

❀ 图4-19

3. 接着，我方左脚跨步，进至敌方身后，向右转身；同时，右手下伸，从后捞抓敌方裆部。（图4-20）

4. 动作不停，我方两脚向前滑步，右手抓提敌方裆部；同时，左掌推压敌方后脑，致其前仆。（图4-21）

⊗ 图4-20

⊗ 图4-21

龙游虎坐

【实战举例】

1. 敌方右脚上步，右拳击打我方脸部。我方迅疾后撤；同时，右掌向上画弧，格敌右臂。（图4-22）

2. 随即，我方右脚左移，向左转身，左脚后插至敌方裆下，左胯贴靠敌方右大腿；同时，右掌拨开敌方右臂，左掌反甩敌方左肋，致其疼痛失力。（图4-23）

❖ 图4-22

❖ 图4-23

3. 动作不停，我方左胯猛劲沉压，伤敌右腿，致其坐地难起。（图4-24）

△ 图4-24

小龙拖虎

【实战举例】

1. 敌方右脚上步，右拳击打我方脸部。我方后闪，右掌上拦，挂挡敌方右臂。（图4-25）

2. 随即，我方右脚撤步，右手外旋，抓捋敌方右拳；同时，左掌向上托抓敌方右肘。（图4-26）

3. 动作不停，我方两脚向后滑步，沉身后坐；同时，两手猛拽敌方右臂，向右下方拖，致其前仆。（图4-27）

九

◈ 图4-25

◈ 图4-26

◈ 图4-27

顺手牵羊

【实战举例】

1. 敌方右脚上步，右拳击打我方脸部。我方沉身坐胯，右掌上起，右臂挡敌右腕。（图4-28）

2. 随即，我方右手旋抓敌方右腕，向右下方将带，使其身体前倾；同时，左肘顺势夹其右臂，左脚伸于敌方裆下。（图4-29）

⊗ 图4-28

⊗ 图4-29

3. 动作不停，我方右手向右、向后、向上拽拉敌方右腕，左手夹带助力（也可用左手抓其右臂而两手合力），左腿绊拦，致其前仆。（图4-30）

❯ 图4-30

惊龙回首

十一

【实战举例】

1. 敌方左脚上步，右拳勾击我方腹部。我方左掌下伸，格挡敌方右臂。（图4-31）

2. 随即，我方左掌向外拨架敌方右臂；同时，向左转身，右脚上步至敌方裆下；右臂屈肘拐击敌方腹部。（图4-32）

3. 接着，我方向左转身，左肘再捣击敌方腹部。（图4-33）

图4-31

图4-32

图4-33

4. 动作不停，我方右转半周，两脚摆扣，马步发力；两掌合推敌方胸部，抖劲震击，致其后倒。（图4-34）

❯ 图4-34

渔翁撒网

【实战举例】

1. 敌方左脚上步，左拳击打我方腹部。我方撤步坐马，右拳劈砸，伤其左腕。（图4-35）

2. 随即，我方左掌下劈敌方左肘；同时，右脚上步，右腿后绊敌方左腿；右拳反背抖击其脸部，致其疼痛失力。（图4-36）

3. 动作不停，我方右拳变掌，拦扒敌方脸部，向右用力旋甩，致其仰翻跌出。（图4-37）

图4-35

图4-36

图4-37

老树盘根

【实战举例】

1. 敌方右脚上步，右拳击打我方脸部。我方虚步撤身，右手抓擒敌方右腕。（图4-38）

2. 接着，我方右手向下拽拉敌方右腕，左脚上步，左腿后绊敌方右腿；同时，腰身左拧，左掌向上反画，左臂兜夹敌方右腋。（图4-39）

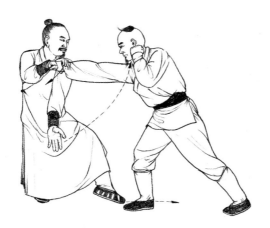

▲ 图4-38

▲ 图4-39

3. 动作不停，我方左脚向右上方勾挂，用力勾踢敌方右腿，左手向下画弧助力，致其后倒坐地。（图4-40）

↟ 图4-40

流星飞坠

【实战举例】

十四

1. 敌方右脚上步，右拳击打我方脸部。我方撤身右转；同时，左掌上提，切击敌方右臂。（图4-41）

2. 随即，我方左掌下压；同时，右脚上步，右腿后绊敌方右腿；右掌砍击敌方左腮。（图4-42）

3. 动作不停，我方向左转身，两脚摆扣，弓步发力；右掌贴住敌方脸部，向左下方按压，致其翻倒。（图4-43）

图4-41

图4-42

图4-43

懒龙蹭痒

【实战举例】

1. 敌方上步，右腿扫踢我方头部。我方速撤，弓步稳身；同时，左臂屈肘上提，格敌右腿。（图4-44）

2. 随即，我方左手下挽，抱敌右腿；同时，右脚上步至敌方裆下，右腿后绊其左腿；右掌按压其左臂，致其后仰。（图4-45）

▲ 图4-44

▲ 图4-45

3. 动作不停，我方收肘挺胸，右胯前撞，伤敌裆部或顶其左腿，致其后倒。（图4-46）

⊗ 图4-46

十六

乌龙摆尾

【实战举例】

1. 敌方右脚上步，右拳击打我方脸部。我方跨步闪身，避过敌方右拳。（图4-47）

2. 随即，我方右手向上搂抱敌方右臂；同时，右脚弧形上步，倒扫敌方右腿，致其后仰欲倒。（图4-48）

3. 动作不停，趁敌重心不稳，我方左脚上步拦截；右掌旋按敌方腹部，陡然震击，致其躺倒。（图4-49）

图4-47

图4-48

图4-49

拦腰取水

【实战举例】

1. 我方主动进攻，左脚前跨，左腿后绊敌方右腿；同时，右手下伸，捞抱敌方右腿；左臂屈肘，遮拦敌方脸部。（图4-50）

2. 随即，我方右臂向上兜夹敌方右腿；左掌向下拦压敌方左肩，致其后仰。（图4-51）

❯ 图4-50

❯ 图4-51

3. 动作不停，我方左掌转腕，拦扒敌方颈部，向左猛然旋压；右肘上抬助力，左转发力，致其翻跌。（图4-52）

⚠ 图4-52

落地盘花

【实战举例】

1. 敌方右脚上步，右拳击打我方脸部。我方后撤，两掌一齐上拦，阻截敌方右拳。（图4-53）

2. 随即，我方右掌旋按敌方右拳；同时，左脚勾扫敌方右脚。敌方向后跳步，撤身避过。（图4-54）

3. 动作不停，我方左脚落实，两手撑地；右腿向后倒扫，对准敌方右脚，将其踢翻。（图4-55）

十八

图4-53

图4-54

图4-55

第五章
八卦沾衣
十八跌

　　八卦掌，又称"游身八卦掌"，或"八卦连环掌"，是著名的中国传统内家拳，影响很大，流派很多。

　　八卦掌据传由清末董海川所创，因其动作纵横交错，分为四正、四隅八个方位，与《周易》八卦图中的卦象相似，故名之。其技以掌为法，以走为用；游身换影，忽近忽远；奇正相生，虚实突变。

　　八卦跌法，上下合劲，左右齐击，联合加力，致敌倒地。上则步动身转，走中抢机，掌法连环，劲法多变；下则善用暗腿，截敌进退，乱其桩步，绊其下盘。所谓"沾衣十八，不躺即趴"，堪称绝技。

　　今选其跌法十八招，解析出来，谨供参考。

大鹏展翅

【实战举例】

1. 敌方右脚上步，右拳击打我方脸部。我方向右转身，右掌向上拦击敌方右臂。（图5-1）

2. 随即，我方左脚上步，左腿后绊敌方右腿；同时，右掌向后捋画，左掌向前猛劲拦压，使其后仰而倒。（图5-2）

图5-1

图5-2

狮子翻身

【实战举例】

1. 敌方垫步，右脚蹬击我方肋部。我方旋身绕步，右手抄抱敌方右腿。（图5-3）

2. 随即，我方左脚插步，向左转身；同时，右手兜旋敌方右腿，向左猛劲提牵，致其倒地。（图5-4）

⊙ 图5-3

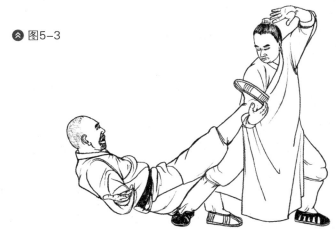

⊙ 图5-4

锦鸡抖膀

【实战举例】

1. 敌方左脚上步，左拳击打我方脸部。我方绕步缩身，右手托抓敌方左肘，拦截敌方拳击。（图5-5）

2. 随即，我方左脚上步，左腿后绊敌方左腿；同时，右手向后牵挒；向右转身，弓步倾身，左掌右摆，左臂横拦敌方腹部。（图5-6）

△ 图5-5

△ 图5-6

3. 动作不停，我方继续右转，抖劲发力，左臂拦贴，向右拦压，致敌方仰身跌出。（图5-7）

⊗ 图5-7

游转天尊

【实战举例】

1. 敌方右脚上步，右拳击打我方脸部。我方右掌上拦，格敌右腕。（图5-8）

2. 随即，我方右掌压转，左脚绕进。（图5-9）

3. 动作不停，我方右手擒抓敌方右腕；两脚交替绕步，牵带敌方向左走转，致其失衡，旋翻倒地。（图5-10至图5-13）

四

⊗ 图5-8

⊗ 图5-9　　　　　　　　　　⊗ 图5-10

⊗ 图5-11

⊗ 图5-12

⊗ 图5-13

五

夜叉探海

【实战举例】

1. 敌方右脚上步，右拳击打我方脸部。我方闪身躲避；同时，右掌向前托接敌方右肘，化解敌方右拳。（图5-14）

2. 随即，我方向左转身，左脚插步，左腿外拦敌方右腿；同时，右手向上扣抓敌方右腕；左掌旋按敌方右腿。（图5-15）

⊗ 图5-14

⊗ 图5-15

3. 动作不停，我方右手旋扭，同时，左掌向左拦压敌方左腰，震劲发力，致其向左跌落。（图5-16）

⊗ 图5-16

横扫千钧

【实战举例】

1. 敌方右脚上步，右拳击打我方脸部。我方闪身躲避；同时，右掌上拦敌方右腕。（图5-17）

2. 随即，我方左脚上步，左腿前弓，后绊敌方右腿；同时，右手抓捋敌方右腕；左掌从敌方右腋向左上方穿出，用力反拦。（图5-18）

3. 动作不停，我方左掌旋劲外拨，左肘外靠助力，致其翻跌而出。（图5-19）

图5-17

图5-18

图5-19

仙子抹眉

【实战举例】

1. 敌方右脚上步，右拳击打我方胸部。我方闪身摆步；同时，右手抓捋敌方右腕，左掌拦切敌方右臂。（图5-20）

2. 随即，我方左掌前抹敌方脸部，右手紧拽不放；同时，左腿勾挂敌方右腿，手脚并用，致其失衡，向后跌倒。（图5-21）

图5-20

图5-21

八卦震荡

【实战举例】

1. 敌方右脚上步，右拳击打我方脸部。我方闪身躲过，右手乘机抓住敌方右腕；左脚顺势上步，左腿后绊敌方右腿。（图5-22）

2. 随即，我方向右旋身，两脚摆扣；同时，右手扭旋敌方右臂；左掌划劲，滚压敌方右肘，伤其关节，将其擒制。（图5-23）

❖ 图5-22

❖ 图5-23

3. 动作不停，我方左肘猛拐，抖劲发力，伤敌左肋，致其滚跌。（图5-24）

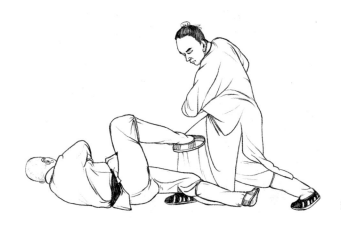

❯ 图5-24

霸王摔枪

【实战举例】

1. 敌方右脚上步，右拳击打我方腹部。我方虚步撤身，避过敌方右拳；同时，右手抓挒敌方右腕，左掌拦截敌方右肘。（图5-25）

2. 随即，我方右脚外展，弓膝，向右转身，右手顺势牵拉敌方右腕；同时，左掌按住自己右手助力，左肘下压敌方右肘，向右猛劲裹旋，致其应手前仆。（图5-26）

图5-25

图5-26

回马闯关

【实战举例】

1. 敌方左脚上步，右拳击打我方脸部。我方撤步沉身；同时，两掌一齐上拦，阻截敌方右臂。（图5-27）

2. 随即，我方左脚跨步，左腿后绊敌方右腿；同时，右掌压挤敌方右肘；左掌向下穿过敌方右臂向前拦压，左肘靠撞敌方胸部助力，使其后仰欲倒。（图5-28）

⚠ 图5-27

➡ 图5-28

3. 动作不停，我方左脚向右盘扣，勾扫敌方右腿；同时，腰向左拧，左肘向左前撞，致其后跌躺地。（图5-29）

⊗ 图5-29

犀牛望月

【实战举例】

1. 敌方左脚上步，右拳击打我方脸部。我方左脚盖步，向右转身，避过敌方右拳；同时，左掌拦托敌方右臂。（图5-30）

2. 随即，我方右脚绕步，落于敌方左脚内侧；同时，右手向前上方画弧，抓拧敌方右腕向左旋牵，右肘顺势裹压敌方右肘。（图5-31）

3. 动作不停，我方左脚向外摆步，向左转身，左肘旋靠敌方胸部，向左猛撞，致其前趴。（图5-32）

⚠ 图5-30

⚠ 图5-31   ⚠ 图5-32

三盘落地

【实战举例】

1. 敌方左脚上步，右拳击打我方脸部。我方侧身闪过，右脚速进；同时，右掌向上穿提，右肘格击敌方右臂，向前推挤。（图5-33）

2. 动作不停，我方右脚向左绕步，左脚穿插至敌方裆下；同时，向左转身，左掌反拦敌方左胯，向左推挤，致其扭身。（图5-34）

❰ 图5-33

❰ 图5-34

3. 动作不停，我方右脚向前绕步，身体继续左转；同时，左掌用力上抹，按推敌方头部；右掌兜搂敌方左腰，不让其退身卸力，将其旋翻。（图5-35）

⊗ 图5-35

鸿雁出群

【实战举例】

1. 敌方左脚上步，右拳击打我方脸部。我方撤步，沉身坐胯，左掌上翻，左臂屈肘，拦截敌方右臂。（图5-36）

2. 随即，我方右脚弧形上步，右腿后绊敌方左腿；同时，右掌上穿，右臂拦击敌方颈部。（图5-37）

3. 动作不停，我方右臂反画抖劲，致其翻身跌出。（图5-38）

十三

❖ 图5-36

❖ 图5-37   ❖ 图5-38

麒麟吐书

【实战举例】

1. 敌方右脚上步，右拳击打我方脸部。我方撤步闪身，左臂向内拦压，阻截敌方右腕。（图5-39）

2. 敌方又出左拳，击打我方脸部。我方左掌下压敌方右拳，右掌上拦敌方左臂。（图5-40）

十四

图5-39

图5-40

　　3.随即,我方右手绕抓敌方左腕向下拽拉,左脚上步,扣绊敌方右脚;同时,左掌上穿,左臂上兜敌方左腋。(图5-41)

　　4.动作不停,我方右手扭敌左腕向上推别,左臂向上兜举,使其向上耸起,全身失力。(图5-42)

❖ 图5-41

❖ 图5-42

5. 最后，我方左脚稍向前滑步；同时，两掌顺势转腕，左肘前撞敌方左肋，右掌推挤敌方左胯，致其侧倒于地。（图5-43）

△ 图5-43

力劈华山

十五

【实战举例】

1. 敌方右脚上步，右拳击打我方脸部。我方撤步沉身；同时，两掌一齐上提，拦截敌方右臂。（图5-44）

2. 随即，我方向右转身，右手旋抓敌方右腕，顺势下拉；同时，右脚撤步，左掌向下抡劈敌方颈后，致其受创，使其前倾。（图5-45）

3. 动作不停，我方右手向右后方拽拉敌方右腕，左掌旋按敌方后脑，向右猛劲推送，致其前仆。（图5-46）

⊗ 图5-44

⊗ 图5-45

⊗ 图5-46

狸猫上树

【实战举例】

1. 敌方左脚上步，左拳击打我方脸部。我方撤步闪身，左掌外拦敌方左腕，右掌前托敌方左肘。（图5-47）

2. 随即，我方左脚上步，左腿后绊敌方左腿；同时，右掌托举敌方左臂，左掌推挤敌方下颌，使其后仰。（图5-48）

❖ 图5-47

❖ 图5-48

3. 动作不停，我方左腿猛然向左扫挂；同时，左掌贴紧敌方下颌，向右拧腰推压，致其翻倒在地。（图5-49）

图5-49

苏秦背剑

【实战举例】

1. 敌方左脚上步，右拳击打我方脸部。我方撤步，上身左旋；同时，两掌上扬，拦格敌方右臂。（图5-50）

2. 随即，我方两脚向前滑步；同时，左掌外拨敌方右臂，右掌反掌甩击敌方右腮。（图5-51）

3. 接着，我方左旋转身，左脚绕进；同时，左掌反掌甩击敌方左耳。（图5-52）

图5-50

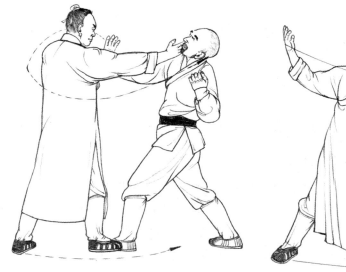

图5-51

图5-52

4. 动作不停，我方右脚向前绕步，右腿后绊敌方右腿；同时，右掌反掌甩击敌方右腮，向外弹抖，致其受创而倒。（图5-53）

⚠ 图5-53

十八

滚肘流星

【实战举例】

1. 敌方右脚上步，右拳击打我方脸部。我方收步沉身；同时，右手上提，托抓敌方右腕。（图5-54）

2. 随即，我方左脚上步，左腿后绊敌方右腿；同时，马步发力，左肘前崩，伤敌右肋。（图5-55）

3. 动作不停，我方左掌顺势扫击，伤敌咽喉，致其昏晕，向后跌出。（图5-56）

◈ 图5-54

◈ 图5-55

◈ 图5-56

第六章
岳拳沾衣
十八跌

　　岳家拳，也叫"岳门拳"，简称"岳拳"，据说由宋代抗金名将岳飞所创。其主要特色，一是注重内劲，招法细腻；二是桩法偏低，势架稳固；三是短中加长，柔里有刚。

　　岳家拳有一种练法，叫裁手，非常有名，即俗称的散手，有擒拿、点穴、拳脚等招法，注重技击，讲究单操，"久练自化，熟极自神"。

　　岳拳沾衣十八跌即属岳家裁手，是一种注重摔跌的秘传散手，在技击时可以对敌抓拿擒制，致其歪桩倒身。今即试析，献于同道。

金龟探路

【实战举例】

1. 敌方左脚上步，左拳击打我方脸部。我方虚步撤身，左掌拦截敌方左臂。（图6-1）

2. 随即，我方左脚前踏，马步发力，左掌向前切击敌方左肋。敌方慌忙后闪。（图6-2）

《图6-1

》图6-2

3. 动作不停，我方向右转身，左脚外展；同时，右脚向前勾挂敌方左脚，右掌抡劈敌方面门，手脚并用，致其后倒。（图6-3）

△图6-3

金蛇转身

【实战举例】

1. 敌方移步进身，右脚蹬击我方腹部。我方侧闪避过，右臂拦击敌方右腿。（图6-4）

2. 随即，我方身体左转，左脚插步；同时，左肘猛劲倒扫，伤敌脸部，致其后仰。（图6-5）

3. 动作不停，我方左掌旋臂按压敌方胸部，右掌推挤敌方腹部，两掌合力，使其跌翻。（图6-6）

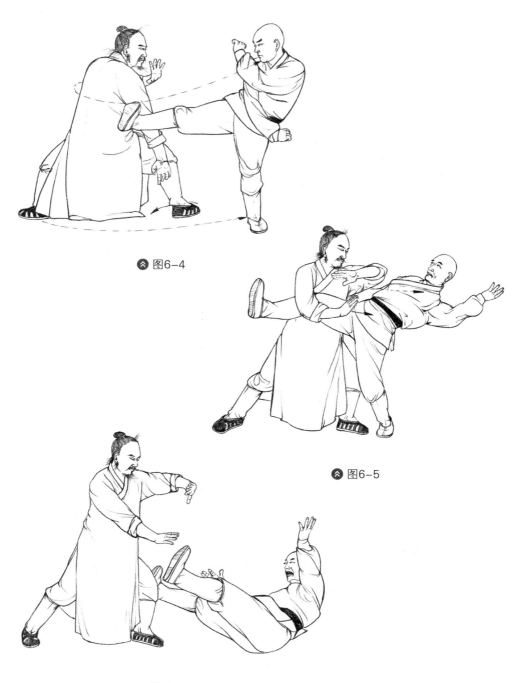

❯❯ 图6-4

❯❯ 图6-5

❯❯ 图6-6

乌龙摆尾

【实战举例】

1. 敌方右脚上步，右拳击打我方胸部。我方上身右转，闪过来拳，右脚顺势插步，蓄势待发。（图6-7）

2. 随即，我方右转半周，右掌猛劲抢劈，伤敌右耳，致其前仆。（图6-8）

❱ 图6-7

❱ 图6-8

3. 动作不停，我方右转，弓步发力；左掌向前劈砍敌方后脑，致其昏晕。（图6-9）

△ 图6-9

四

白猿献果

【实战举例】

1. 敌方右脚上步，右拳击打我方脸部。我方左脚撤步，虚步收身；两掌收腰，蓄势待发。（图6-10）

2. 随即，我方右脚前跨，右腿后绊敌方右腿；同时，两掌推出，震击敌方胸部，致其后仰欲倒。（图6-11）

3. 动作不停，我方右掌顺势前移，拦切敌方颈部，向左转身，猛劲旋压，致其翻跌滚出。（图6-12）

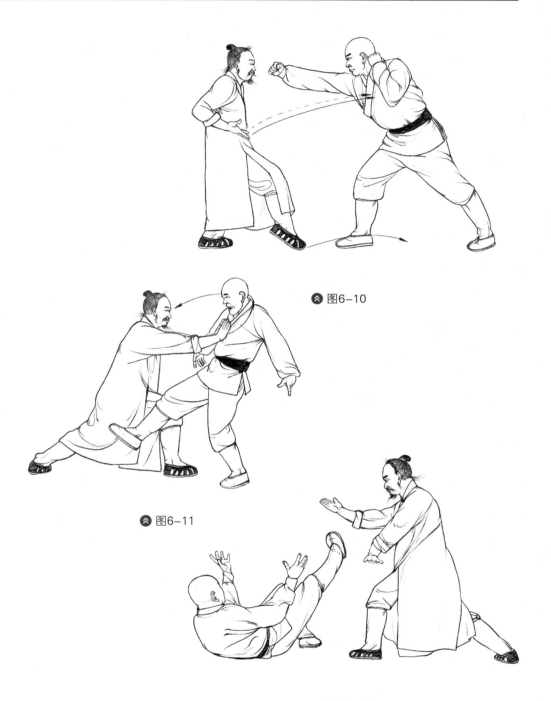

五

黑熊抖威

【实战举例】

1. 敌方移步进身，右脚踹击我方小腹。我方向右旋身，左掌托接敌方右腿，向右顺势推送。（图6-13）

2. 随即，我方变劲，左手向左上方抄起敌方右腿，猛劲掀举敌腿，致其失衡侧倾。（图6-14）

❯ 图6-13

❯ 图6-14

3. 动作不停，我方蹲身右转，右腿倒扫敌方左脚，将其踢倒在地。（图6-15）

⊼ 图6-15

金凤寻巢

【实战举例】

1. 我方右脚上步，左拳击打敌方脸部。敌方撤步仰身，两臂屈肘，竖立身前，封挡我方左拳。（图6-16）

2. 随即，我方右掌向左扫击敌方两臂，打破敌方防线，两臂顺势搂夹敌方左臂，向左牵带，致其左倾；我方右脚乘机前伸，右腿拦绊敌方左腿。（图6-17）

3. 动作不停，我方变劲，成右弓步，向右转身；右掌反掌右挥，拦击敌方胸部，致其摔坐在地。（图6-18）

图6-16

图6-17

图6-18

飞龙调膀

【实战举例】

1. 敌方右脚上步，勾踢我方左脚。我方左膝提起，避过敌方右脚。（图6−19）

2. 随即，我方左脚落地，右脚跳起，前踏至敌方裆前；同时，向左转身，右掌下劈敌方脸部。敌方后撤避过。（图6−20）

七

◈ 图6−19

◈ 图6−20

3. 动作不停，我方两脚向前滑步，右膀顺势前撞敌方胸部，致其后倒跌出。（图6-21）

⋀ 图6-21

八

黑熊反掌

【实战举例】

1. 敌方移步进身，右脚蹬击我方裆部。我方收步沉身，避过来腿；同时，左掌反抄敌方右脚，右掌下按敌方右膝，迟滞其发力。（图6-22）

2. 随即，我方左脚滑步进身，弓步发力，左掌反掌甩击，伤其左腮，致其后歪。（图6-23）

❖ 图6-22

❖ 图6-23

银蛇缠柳

【实战举例】

1. 敌方左脚上步，右拳击打我方胸部。我方虚步撤身，左掌上起，抄托敌方右拳。（图6-24）

2. 敌方收回右拳，两脚垫步，又出左拳击打我方脸部。我方左脚撤步，上身左转；同时，右掌拦切敌方左肘，伤其关节。（图6-25）

《 图6-24

》 图6-25

3. 动作不停，我方左脚垫步，右脚向前勾挂敌方左脚；同时，右掌向前推震敌方左腋，致其后仰而倒。（图6-26）

△ 图6-26

玉龙抖鳞

【实战举例】

1. 我方右脚上步，左掌穿击敌方咽喉。敌方后撤，右掌向内拦压我方左腕。（图6-27）

2. 随即，我方左掌反画，向外压落敌方右掌；同时，两脚上步；右掌再进，穿击敌方咽喉，致其受创。（图6-28）

3. 动作不停，我方左脚上步，左腿后绊敌方右腿，成弓步；同时，左掌上削，猛劲横切敌方左颈，致其昏晕后跌。（图6-29）

图6-27

图6-28

图6-29

熊猫拔笋

【实战举例】

1. 我方右脚上步，右掌推击敌方脸部。敌方撤步坐马，左掌拦截我方右臂。（图6-30）

2. 随即，我方左脚前跨，左掌削切敌方咽喉。敌方左脚撤步，右臂裹格我方左臂。（图6-31）

❖ 图6-30

❖ 图6-31

3. 动作不停，我方左掌前探，勾扒敌方颈后，猛劲向右旋甩，致其前仆。（图6-32）

图6-32

苍鹰扑兔

【实战举例】

1. 敌方右脚上步，右拳击打我方脸部。我方撤步避过；同时，右掌上翻，外拦敌方右臂。（图6-33）

2. 随即，我方两脚向前滑步，右手旋抓敌方右腕，向下拉拽；同时，左掌握拳（点穴拳，五指参差），向上搞击敌方咽喉，致其剧疼失力。（图6-34）

3. 动作不停，我方右手向右拽；同时，左手下落，身向右转，左臂前靠，向右抖劲，伤其右肘，致其前仆。（图6-35）

图6-33

图6-34

图6-35

天门入虎

【实战举例】

1. 我方左脚上步，左掌撩击敌方咽喉。敌方后撤，仰身避过。（图6-36）

2. 随即，我方右转一周，右脚向后插步，拦扫敌方右腿；同时，右肘抢打敌方头部，将其击倒在地。（图6-37）

❖ 图6-36

❖ 图6-37

降龙伏虎

【实战举例】

1. 敌方右脚上步，右拳击打我方脸部。我方迅速向后滑步，沉身下潜，避过来拳。（图6-38）

2. 随即，我方左脚上步，沉身坐马，拦挡敌方右腿；同时，左掌前甩，掸打敌方裆部，致其剧疼失力。（图6-39）

十四

❯ 图6-38

❯ 图6-39

3. 动作不停，我方起身成弓步，右掌紧跟，推敌胸部，掌根发力，猛然震击，致其跌出。（图6-40）

⊗ 图6-40

野马抖鬃

【实战举例】

1. 敌方左脚上步，左拳击打我方脸部。我方撤步，两脚扭步；同时，右掌下拍敌方左拳。（图6-41）

2. 随即，我方左掌前压敌方左臂，左脚速进；右掌抖劲，掌背发力，向前甩击敌方鼻子。敌方滑步撤身。（图6-42）

3. 动作不停，我方两脚向前滑步，进敌中门；同时，左掌转腕甩打，伤其腹部，将其击出。（图6-43）

⊗ 图6-41

⊗ 图6-42

⊗ 图6-43

十六

金鸡报晓

【实战举例】

1. 敌方右脚上步，左脚弹踢我方裆部。我方左闪，避过敌方左腿，右掌乘机下拍敌方脚背。（图6-44）

2. 敌方落步，又出左拳击打我方脸部。我方两脚向后滑步；右掌上提，右臂向前拦压敌方左臂，里裹化劲。（图6-45）

❖ 图6-44

❖ 图6-45

3. 随即，我方左手抓捋敌方左臂，右掌乘机向前横拍敌方头部。（图6-46）

4. 动作不停，我方右掌，按其后脑，向左猛扒，致其前仆。（图6-47）

❖ 图6-46

❖ 图6-47

丹凤朝阳

【实战举例】

1. 敌方左脚上步，右拳击打我方脸部。我方速撤，丁步蹲身，避过来拳。（图6-48）

2. 随即，我方右脚上步，拦绊敌方左脚；同时，右掌上抖，掌背发力（虎口在下），反掌甩击，伤其耳门。（图6-49）

❯❯ 图6-48

❯❯ 图6-49

3. 动作不停，我方乘机变劲，右掌向左绕，扒拦敌方脸部，猛然向右反按，将其跌翻在地。（图6-50）

图6-50

虎尾拦腰

【实战举例】

1. 敌方移步进身，左腿高踹我方脸部。我方撤步，上身稍仰，避过敌方左腿。（图6-51）

2. 随即，我方不待敌变，左腿速起，向前外摆，猛然旋扫，伤其后腰，将其踢倒。（图6-52）

❯ 图6-51

❯ 图6-52

第七章
浑元沾衣
十八跌

据传，元末明初，有剑客毕坤（字云龙），隐居武当山，创立浑元派。

何谓浑元？《浑元小解》（抄本）曰：夫浑者，含也。元者，玄也。其中有势含招，招含力；身含步，步含足；肩含肘，肘含手，各有之妙，非浑而何。势、招，身、步、足，肩、肘、手，各有其玄。玄玄相应，生生无穷，非元而何。阅之浑元之说，乃有不期而至之神机，不虑而得之法势，不思而至之妙招，不演而当之法力。手手虚实相兼，步步奇偶相济，高低上下，前后左右，随心向往，有非人力所能致者也。

浑元派，为拳宗内家，阴阳相合，劲修浑元。其阴为反弹劲，可抗打防身。其阳为爆发劲，可发劲伤敌。阴阳合一劲，浑元成一体。

身上练成浑元劲，即可临敌技击，所谓由内及外，由劲见招。浑元练至通灵处，一撒通身皆是手，远使腿踢近手打，靠身擒跌加肘膝，一动全身皆是招。

本章专讲浑元沾衣十八跌，招法精湛，简单实用，劲足势猛，杀伤力强。习练者一旦练熟，出手即跌，令敌躺趴，倒地难起。

青牛撞碑

【实战举例】

1. 敌方右脚上步，右拳击打我方脸部。我方撤步坐身，两腕交叉（十字手），上架敌方右臂。（图7-1）

2. 随即，我方左脚前跨至敌方裆下；同时，两掌前伸抓拉敌方两肩，低头猛撞敌方胸口。（图7-2）

❀ 图7-1

❀ 图7-2

3. 动作不停，我方乘机变劲，两掌转腕前推，猛震敌方两肩，致其向后跌出。（图7-3）

❀ 图7-3

切肩靠壁

【实战举例】

1. 敌方移步进身，左拳击打我方脸部。我方低头俯身，向右摇闪，避过敌方左拳；敌方左拳击空。（图7-4）

2. 随即，我方不待敌变，左脚上步，左腿后绊敌方左腿；同时，左掌上伸，拦切敌方右肩，左臂斜兜敌方胸部，左肩前扛敌方左腋。（图7-5）

3. 动作不停，我方左肩向前挤靠，左掌向下旋劈，左臂向右搂压，左腿向左顶别，将敌方摔翻在地。（图7-6）

❯ 图7-4

❯ 图7-5

❮ 图7-6

飞肩打虎

【实战举例】

1. 敌方右脚上步，左拳击打我方头部。我方沉身蹲步，避过敌方左拳。（图7-7）

2. 随即，我方左脚上步；同时，身体上起，左肩顺势顶撞敌方左肋。（图7-8）

☆ 图7-7

☆ 图7-8

3. 动作不停，我方两手前伸，搂抱敌方两腿。（图7-9）

4. 最后，我方两手搬提，左肩前抖，上下交错，将敌方撂倒。（图7-10）

☆ 图7-9

☆ 图7-10

缠手滚肘

【实战举例】

1. 敌方右脚上步，右拳击打我方脸部。我方撤步，沉身坐马；同时，右臂上挑，拦格敌方右臂。（图7-11）

2. 随即，我方右手旋抓敌方右腕，顺势缠拧；同时，左脚上步至敌方裆下，左臂裹格敌方右肘。（图7-12）

❯ 图7-11

❯ 图7-12

3. 动作不停，我方右手向右后方拽拉，左臂向右滚压敌方右肘，抖劲发力，致其跌出。（图7-13）

⊗ 图7-13

青龙回身

【实战举例】

1. 敌方右脚上步，右拳击打我方脸部。我方撤身右转，避过敌方右拳；同时，右掌拦截敌方右拳，左掌托其上臂，欲施擒拿。（图7-14）

2. 敌方收手想跑。我方不让敌逃，右手迅速抓其右拳；同时，左肘猛撞敌方右肋，致其剧疼失力。（图7-15）

3. 动作不停，我方右脚插步，身向右转，右肘后摆，猛拐敌方头部，将其击倒。此招以肘击为主，杀伤短促，实用高效。（图7-16）

⊗ 图7-14

⊗ 图7-15

⊗ 图7-16

捣打金钟

【实战举例】

1. 敌方右脚垫步，左腿鞭踢我方右腰。我方闪步，右掌外拦敌方小腿，阻截敌方左腿。（图7-17）

2. 随即，我方左脚向前滑步，左拳崩打敌方脸部。敌方慌忙后撤，仰身避过。（图7-18）

◈ 图7-17

» 图7-18

3. 动作不停,我方右脚上步,右腿后绊敌方左腿;同时,右拳反向砸出,击敌脸部,致其仰翻。(图7-19)

⊗ 图7-19

反挥铁扇

【实战举例】

1. 敌方右脚上步,右拳击打我方脸部。我方撤步;同时,右掌向上拦格敌方右臂。(图7-20)

2. 随即,我方右手抓拧敌方右腕;同时,上身右转,左脚上步,左膝向右挤靠敌方右腿;左臂夹压敌方右臂,致其前仆。(图7-21)

3. 接着,我方乘机变劲,左掌向左拦切敌方咽喉(或面门),致其后仰。(图7-22)

❯ 图7—20

❯ 图7—21

❯ 图7—22

4. 动作不停，我方左掌前伸，左臂抖劲，拦压敌方咽喉，致其跌出。（图7-23）

图7-23

斜阳拦虹

【实战举例】

1. 敌方右脚上步，右拳击打我方脸部。我方虚步撤身；同时，左拳上抡敌方右臂，致其疼痛失力。（图7-24）

2. 随即，我方左脚上步，左腿后绊敌方右腿；同时，左臂前伸，向左猛劲旋压敌方上身，致其后倒。（图7-25）

❮ 图7-24

❮ 图7-25

巨蜥抖尾

【实战举例】

1. 敌方右脚上步，右拳击打我方脸部。我方闪身避过；同时，右手抓扣敌方右拳，不让其逃。（图7-26）

2. 随即，我方左肘盘压敌方右臂；同时，右掌顺势上扑敌方脸部。敌方仰头躲避。（图7-27）

❯ 图7-26

❯ 图7-27

3. 动作不停，我方乘胜追击，左拳猛然上抢，砸击敌方脸部，将其打倒在地。（图7-28）

☆图7-28

雄鹰抱鸡

【实战举例】

1. 敌方右脚上步，右拳击打我方脸部。我方虚步撤身；同时，右掌向下拍击敌方右腕。（图7-29）

2. 随即，我方左脚上步；左掌前甩敌方左耳。敌方撤步；左臂上抬，架格我方左掌。（图7-30）

3. 动作不停，我方右脚上步，向左转身；同时，右臂向左拦压敌方左肩，猛劲挤靠，致其翻身仰倒。（图7-31）

❯ 图7-29

❯ 图7-30   ❯ 图7-31

孤雁舒翅

【实战举例】

1. 敌方左脚上步，左拳击打我方头部。我方迅疾后闪，右掌拦切敌方左肘。（图7–32）

2. 随即，我方右脚上步，右腿后绊敌方左腿；同时，左掌拨开敌方左臂；右臂穿伸，反拦敌方胸部。（图7–33）

◈ 图7–32

◈ 图7–33

3. 动作不停，我方右臂抖肘，向右发力，致其跌出。（图7-34）

⊗ 图7-34

犀牛转身

【实战举例】

1. 敌方左脚上步，左拳击打我方头部。我方撤步，上翻右臂，格敌左臂。（图7-35）

2. 随即，我方沉身下坐，向左转身（约半周）；同时，左脚后摆，贴近敌方；左胯猛劲后撅，撞击敌方左胯，致其失衡，翻身欲倒。（图7-36）

3. 动作不停，我方右转起腿，右脚向后撩踢敌方尾闾，致其前仆。（图7-37）

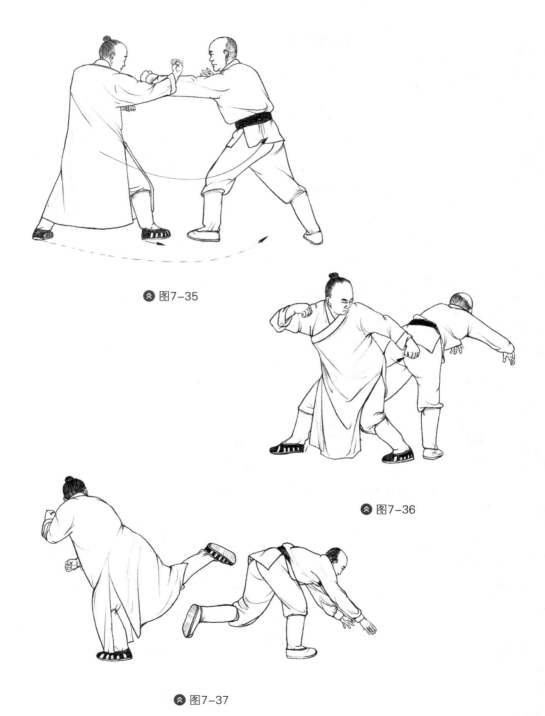

图7-35

图7-36

图7-37

黑熊戏水

【实战举例】

1. 敌方移步进身，右脚蹬击我方胸部。我方迅速闪身，随即右臂上抄，兜挎敌方右脚。（图7-38）

2. 随即，我方左脚向前滑步，插绊敌方左脚；同时，上身右转，右臂夹紧后拉敌方右腿；左肘下压敌方右膝，致其翻身侧倾。（图7-39）

图7-38

图7-39

3. 动作不停，我方左胯猛然向左撞出，短促突击，伤其裆部，致其栽地。（图7-40）

⚡ 图7-40

南天门槛

【实战举例】

1. 敌方右脚上步，右拳击打我方脸部。我方迅疾撤步，沉身坐胯，右拳上挑，格敌右臂。（图7-41）

2. 动作不停，我方右脚上步，外贴敌方右脚；同时，右膝跪压，伤敌右膝，致其歪跌。（图7-42）

❖ 图7-41

❖ 图7-42

乌龙搅浪

【实战举例】

1. 敌方左脚上步，左拳击打我方脸部。我方撤身坐胯，右掌向上画弧，向左裹臂，拦压敌方左臂。（图7-43）

2. 随即，我方右掌拨压敌方左臂（或顺势砍击敌方脸部），右脚勾踢敌方左腿，致其站立不稳。（图7-44）

⊗ 图7-43

⊗ 图7-44

3. 动作不停，我方右脚顺势前踩，伤其右膝，致其倒地。此招一腿两踢，先勾后踩，短中加长，防不胜防。（图7-45）

△ 图7-45

马踏埂垣

【实战举例】

1. 敌方右脚上步，右拳横击我方头部。我方撤步蹲身，下潜避过。（图7-46）

2. 随即，我方起身，右脚斜踩，折敌右膝，使其受创，跪地难动。（图7-47）

3. 动作不停，我方右脚顺势前落，右手向左拦劈敌方头部，将其击倒在地。（图7-48）

△ 图7-46

△ 图7-47

△ 图7-48

钩镰绊马

【实战举例】

1. 敌方移步进身，右脚蹬踢我方小腹。我方沉身后坐，避过敌方右脚。（图7-49）

2. 随即，我方右手捞抱敌方右腿；同时，右脚垫步，左脚上步，外拦敌方左脚；左掌顺势推击敌方脸部，致其后仰。（图7-50）

◈ 图7-49

◈ 图7-50

3. 动作不停，我方向右旋身，左脚勾扫敌方左脚；同时，右手上抬敌方右脚，左手勾压敌方胸部，手脚并用，将其放倒。（图7-51）

△ 图7-51

蟒蛇卷笋

【实战举例】

1. 敌方右脚上步，右拳击打我方脸部。我方撤步闪身，避过来拳；同时，两掌上拦，封敌右臂。（图7-52）

2. 动作不停，我方速出右腿反击，右脚向前画弧外摆，猛扫敌方右脚，将其踢倒在地。（图7-53）

图7-52

图7-53